COMPRENDRE GAME OF THRONES QUAND ON N'EST PAS FAN MAIS QUE TOUS NOS AMIS LE SONT (ET QU'ON SE SENT EXCLU)

Sommaire

GAME OF THRONES : UN HOMME AVERTI EN VAUT DEUX !............ 59

GAME OF THRONES : DES ANECDOTES POUR BRILLER EN SOCIÉTÉ 64

GAME OF THRONES : DES CHIFFRES ET DES ~~LETTRES~~ DATES 73

AVANT-PROPOS

Voilà. Cela commence toujours à peu près de la même façon. Vous percevez une conversation qui respire la convivialité et le savoir-vivre, un poil animée, certes, mais bon enfant. Séduit, vous utilisez votre technique du crabe désintéressé pour vous rapprocher du groupe et finalement vous y greffer. Seulement voilà, une fois en position, plus rien ne fait sens. Après quelques minutes, où il est question de trucs super flippants, de suspens et de temps morts, il est soudain question d'un nain. Soulagé, vous lancez innocemment : « Et c'est toujours Olivier Minne qui présente Fort Boyard ? » Et là, c'est le drame... Vous réalisez que vous êtes à côté de la plaque, et avant que les portes du groupe ne se referment douloureusement sur votre ego, vous prenez en pleine face un cinglant : « Quoi ? Tu n'as pas vu le dernier épisode de *Game of Thrones* ? »

Si vous avez vécu cette scène, si vous avez été témoin d'une scène peu ou prou similaire, si vous connaissez quelqu'un dans votre entourage qui a enduré ce genre d'humiliation, sachez qu'il existe un remède : ce livre. Ce petit objet que vous tenez entre les mains recèle tout ce que vous devez savoir sur la série *Game of Thrones.* Non seulement c'est le passe-partout (#FortBoyardSorsDeCeCorps) pour entrer dans toutes les conversations le sourire aux lèvres, mais c'est aussi la garantie de suivre et d'animer les débats, et la chance d'achever tout le monde grâce à l'anecdote qui tue.

En plus de tout notre amour, nous avons distillé dans ces pages tout ce qu'il faut savoir sur l'histoire et sur les personnages, décrypté les citations les plus célèbres, fourni des brouettes d'informations sur l'auteur, les bouquins et la série télé, ainsi que des remorques d'anecdotes. Prenez ce livre pour ce qu'il est, un petit compagnon de vie dans lequel vous pouvez piocher suivant votre faim de savoir, un ami discret toujours à portée de main pour vous épauler quand vous en aurez le plus besoin.

Venez escalader la montagne *Game of Thrones* en tee-shirt, short et tongs, nous nous occupons de vous équiper et de vous guider pour vous emmener en toute simplicité, sans danger et avec humour jusqu'à son sommet. Prêt ? Allez, ne perdons plus de temps : *Winter is coming* (« L'hiver approche »).

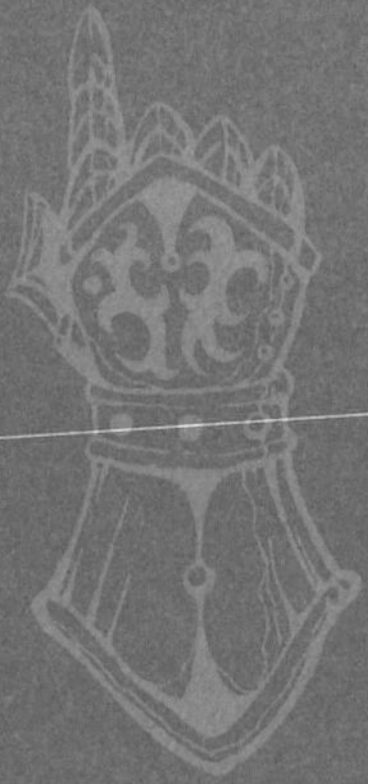

MISE EN BOUCHE :
LA RECETTE DU SUCCÈS DE *GAME OF THRONES*

Quand deux personnes se croisent et qu'avant même de se dire bonjour elles se posent la question : « T'as maté ? », c'est que nous touchons à quelque chose de sérieux.

Game of Thrones, aujourd'hui, appartient définitivement à la catégorie des phénomènes planétaires. Inutile de se plonger dans les statistiques ou le marc de café pour s'en rendre compte, il suffit d'attendre la diffusion d'un nouvel épisode. Dès le lendemain, peu importe que l'on soit dans les chaumières, les maisons, les apparts, les trains, les bus, les réseaux sociaux ou partout où trône une machine à café, la série accapare toutes les conversations. « Alors, t'as maté ? »

Dans les séries télé, comme en cuisine, une bonne recette ne garantit pas un succès. Dans les séries télé, comme en cuisine, c'est toujours plus facile, a posteriori, de trouver les raisons qui font la réussite, ou l'échec, d'une recette.

Game of Thrones est passée au rang de série culte et quelques éléments nous permettent de dire pourquoi elle plaît autant.

ELLE SE DÉROULE DANS UN UNIVERS QUI ÉVOQUE L'AVENTURE, LE DÉPAYSEMENT, LE RÊVE

Délaissé depuis *Xena, la guerrière* ou *Hercule*, en partie à cause de ses effets spéciaux et de ses tournages trop coûteux, le genre « fantasy » a trouvé un second souffle grâce à l'adaptation extraordinaire du *Seigneur des anneaux* par Peter Jackson. Après l'énorme carton de la trilogie au cinéma, les producteurs et les diffuseurs de séries télé se disent qu'il y a sûrement une manne de billets verts qui n'attend qu'à être ramassée. Ils cherchent donc dans la littérature de genre une bonne histoire à adapter. C'est alors qu'ils tombent sur les livres de George R. R. Martin : bingo !

DES HÉROS SANS ASSURANCE-VIE

Dans *Game of Thrones*, il n'y a pas un héros, mais des héros. Le nombre imposant de personnages clés permet à chacun de s'identifier, mais permet surtout à l'auteur de trucider n'importe qui n'importe quand, qu'il soit important ou non. Cette incertitude permanente génère chez le téléspectateur une adrénaline rare qui lui donne envie de savoir qui sera le prochain. Vous noterez que cette mécanique est impensable dans certaines séries. Imaginez par exemple que Zorro, dès le premier épisode, tombe sur la tête après une vilaine chute d'un toit. Crac ! le renard rusé s'en est allé. Qui voudrait continuer à regarder la série ? Personne !

LE PARCOURS INITIATIQUE

Comme dans *Star Wars*, *Le Parrain*, *Le Seigneur des anneaux* et plein d'autres encore, *Game of Thrones* offre à certains de ses personnages un parcours de vie passionnant dans lequel ils apprennent autant sur la vie que sur eux-mêmes. Vaincre ses peurs, se réaliser, se dépasser, sont autant de moments qui transcendent le téléspectateur. Par procuration, chacun expérimente cet apprentissage, et cela fait un bien fou. Comme les personnages concernés, on a le sentiment d'avoir évolué, sans même bouger ses petites fesses de son canapé.

LE CULTE DU SECRET

Comme dans toutes les bonnes séries, *Game of Thrones* – que les initiés et les feignasses appellent *GoT* – déborde de secrets concernant les origines des personnages, les alliances, les trahisons, les maladies, les pouvoirs, le passé... Bref, il n'y a pas un compartiment de l'histoire qui n'ait pas son petit secret. Et personne ne peut résister à l'idée de découvrir un secret, encore plus si celui-ci est jalousement gardé. Apprendre un secret, c'est un kif absolu ; découvrir le moment où le secret est révélé, c'est encore plus excitant. Encore un des points forts de la série, un régal !

DE L'ARGENT COMME S'IL EN PLEUVAIT

Avec *Game of Thrones*, HBO renoue avec les productions au budget pharaonique. Dans un genre comme la fantasy, pour ne pas tomber dans l'effet kitch des années quatre-vingt, il faut troquer le slip panthère et le string en skaï pour de la culotte en cuir véritable. Il faut dégager la

pâte à modeler et le filtre anti-yeux rouges. Bref, il faut casser sa tirelire.
Le style nécessite de la démesure ? Qu'à cela ne tienne, il l'aura. Saison après saison, les superlatifs concernant la production de la série sont de plus en plus excessifs, qu'il s'agisse du nombre de figurants, des lieux de tournage partout sur la planète ou du plus grand fond vert jamais créé pour des effets spéciaux. L'argent ne fait pas le succès, mais il y contribue sans aucun doute. Mais attention, c'est un pari, et HBO s'est déjà brûlé les ailes avec des productions beaucoup trop lourdes au regard du nombre de téléspectateurs, conduisant à l'arrêt pur et simple des séries. C'est le cas de *Rome*, ou encore de *La Caravane de l'étrange*.

UNE MORALE PAS VRAIMENT MORALE

Et enfin, l'une des raisons les plus importantes du succès de *Game of Thrones*, si ce n'est la plus déterminante, c'est la transgression. La série s'adresse clairement aux adultes bien matures et bien consentants. Dans la série, en matière de morale, tout semble possible. Les pires horreurs, les pires injustices, les pires choix moraux ont ici leur place. Le côté voyeur qui sommeille en chacun de nous est nourri en permanence de tout un éventail de violences, de sexualité déviante et trahisons douteuses, provoquant le plaisir inavoué, la fausse révolte et l'apparente indignation des téléspectateurs qui en redemandent : succès garanti.

GAME OF THRONES :
VITE FAIT SUR LE POUCE… DE JAIME
(LE TRÔNE DE FER 100 % SPOIL FREE)

L'HISTOIRE : SEXE, DRAGONS ET TRAHISONS

Game of Thrones, c'est l'histoire d'un grand jeu de chaises musicales sans foi ni loi qui verra son gagnant, ou sa gagnante, poser son auguste fessier sur un trône de fer. Il ou elle deviendra alors le chef du royaume.

LES PERSONNAGES

- *La méchante blonde :* elle est dans le top 3 des personnages qui font les trucs les plus dégueulasses de la série. Elle est tout en c. Elle est canon, cruelle, carnassière, et elle s'appelle Cersei.
- *La gentille blonde :* elle est dans le top 3 des personnages qui cherchent à faire le bien, sans toujours y parvenir. Elle est tout en d. Elle est déterminée, directe, dantesque, elle chuchote dans l'oreille des dragons, et elle s'appelle Daenerys.
- *Le beau gosse :* il est dans le top 3 des personnages qui énervent autant qu'ils déchaînent les passions (et les filles, surtout les filles). Il est tout en s. Il est séduisant, sincère, sentimental, il cherche à donner du sens à sa vie, et il s'appelle Snow, Jon Snow.

- *La personne petite par la taille mais grande par la gueule :* il est dans le top 3 des personnages les plus cool de la série. Il est tout en t. Il est haut comme trois tomes (de *Game of Thrones, of course*), tenace, truculent, tordant, il est téméraire, et il s'appelle Tyrion.

LE MOMENT CLÉ

C'est quand ton personnage préféré, celui que tu appelles le héros tellement tu l'aimes, tellement il est cool, tellement il est fort, tellement il est beau, tellement il est intelligent, se fait trucider sous tes yeux sans que tu ne puisses plus rien dire d'autre que : « Oh mon Dieu ! Oh mon Dieu ! » pendant une bonne minute, même si tu es athée.

LA CITATION

Winter is coming – littéralement « L'hiver arrive ». En langage *Game of Thrones*, il faut comprendre : c'est le début des ennuis ; ça va grave chier sa race de sa maman la prostituée ; serre bien les fesses, mon petit, ça va être du sérieux là ; chérie, on entre dans un tunnel, ça va couper sévère... Bref, les vraies emmerdes arrivent.

L'ANECDOTE

En 2015, à l'issue de la saison 5, *Game of Thrones* était pour la quatrième fois consécutive la série télé la plus téléchargée au monde. Cette saison 5 cumule plus de 14 millions de téléchargements illégaux, soit presque le double du nombre de téléspectateurs légaux aux États-Unis. Signalons également que *The Walking Dead*, la deuxième série la plus téléchargée, représente deux fois moins de téléchargements illégaux que cette saison 5 de *Game of Thrones*.

GAME OF THRONES :
SOIRÉE DE NOCES… POURPRES, DE PRÉFÉRENCE
(*LE TRÔNE DE FER* COMPLÈTEMENT SPOILÉ)

L'UNIVERS

Game of Thrones, c'est pas compliqué. Ça ressemble au Moyen Âge, ça a la couleur du Moyen Âge, les bonnes manières du Moyen Âge, mais ce n'est pas le Moyen Âge. Non, *Game of Thrones*, c'est mieux que le Moyen Âge, car dedans il y a des gens qui ressuscitent les morts, des gens qui sont morts, mais qui peuvent quand même se relever pour aller faire la guerre, des gens qui se transforment en pierre petit à petit, une sorcière et même des dragons tellement forts que dans *Pokémon Go*, ce serait les plus durs à attraper… Tu vois le truc ?

LA GÉOGRAPHIE

L'histoire se déroule dans un monde super grand dont seuls deux continents sont vraiment tendance :

- *Westeros :* situé à l'ouest, Westeros, c'est le continent que l'on appelle le royaume des Sept Couronnes, en référence aux sept grandes familles qui vivent dessus.

  C'est un continent tout en hauteur, pas très large. On peut voir ça un peu comme un *i* géant avec un mur de glace qui sépare le corps du *i* de son point.

C'est sur ce continent que se trouve la capitale : Port-Réal. C'est une ville qui envoie grave du lourd : riche, belle, baignée de soleil, avec les pieds dans l'eau. C'est ici que se trouve le fameux trône de fer, le siège du roi ou de la reine... mais là, faut pas pousser quand même. En effet, dans *Game of Thrones,* les droits de la femme... comment dire... ce n'est pas vraiment la priorité *number one*... quoique nous ne soyons pas à l'abri d'une surprise.

- *Essos :* situé à l'est, Essos est un continent qui serait comme un *F* tombé en avant la tête la première. Tout en longueur, gigantesque et pourvu de nombreux déserts, il abrite des peuplades plus ou moins nomades. C'est un coin qui est surtout réputé pour la qualité de son esclavage. Pas vraiment une destination de rêve pour les vacances...

En gros, la géo de *Game of Thrones,* c'est un peu comme notre monde vu par l'Américain moyen. Deux continents : un premier, avec des gens plus ou moins bien qui vivent dans différents États, et un autre très grand à l'est, avec des barbares et plein d'autres gens dont on ne sait pas trop ce qu'ils font, comment ils s'appellent et dont, globalement, on se fout royalement.

LA MÉTÉO

Le truc pas banal dans *Game of Thrones,* c'est la météo toute particulière. Ici, les étés et les hivers peuvent durer plusieurs années de suite. La série commence alors que nous sommes à la fin de dix ans d'été bien pénible. Et de l'avis de tous les Laurent Romejko, Sébastien Folin et Catherine Laborde de l'époque, c'est un sacré hiver de bâtard qui se prépare. Il se pourrait bien d'ailleurs qu'il dure plusieurs vies d'hommes... Oui, oui, plusieurs vies.

En plus, une mauvaise nouvelle n'arrivant jamais seule, l'hiver, c'est pile-poil la saison où tout le monde s'embrouille et où toutes les créatures cheloues refont surface. Bref, l'hiver, c'est carrément la saison que tous les guides déconseillent pour visiter le royaume. Du coup, *Winter is coming* (en français, « L'hiver approche »), vous l'aurez compris, c'est une façon locale de dire très poliment : ça craint du cul !

LA *STORY*

Ça pèle sa mère de plus en plus dans le royaume des Sept Couronnes, et ça, c'est ce que l'on appelle un mauvais présage.

Tout d'abord, une crise politique inédite excite les ambitions des nobles appartenant aux plus grandes familles du pays. Ceux-ci n'hésitent pas, à coup de trahisons, fausses promesses et alliances d'un soir, à se tirer dans les petites pattes arrière. Tout le monde rêve de poser sa paire de fesses sur le siège le plus inconfortable, le plus froid mais aussi le plus prestigieux de tous les temps : le trône de fer.

D'autre part, tout au nord du pays, ce qui correspondrait chez nous au pôle Nord, une menace commence à se faire de plus en plus présente : les marcheurs blancs. Ces créatures surnaturelles, peu enclines à la discussion, à la déconne et au compromis, semblent vouloir quitter le froid du nord pour les joies d'un climat plus tempéré au sud. Cruels, presque immortels, immensément nombreux et sauvagement doués pour massacrer leur prochain, les marcheurs blancs préparent ce que l'on appelle : une invasion.

Et enfin, à l'est du pays, une petite nana toute mimi, solide comme un roc, insensible aux brûlures du feu, héritière de la famille des précédents rois et accessoirement maman de trois puissants dragons, libère des peuplades opprimées et se constitue le genre d'armée qu'on laisse parler, qu'on laisse passer et à laquelle on dit s'il vous plaît. L'histoire suit donc en parallèle les embrouilles politiques sanglantes autour de la capitale qui abrite le trône de fer, l'avancée carrément flippante des zombies venus du froid, ainsi que les galères d'une femme seule pour élever trois dragons et diriger une armée au pays des barbares.

Les questions qui se posent, alors que l'on aborde les dernières saisons, sont donc les suivantes :

Qui arrivera le premier ou la première sur le trône de fer pour ne plus en bouger ?

Les grandes familles vont-elles réussir à s'entretuer à la déloyale ?

Les marcheurs blancs vont-ils réussir à tuer tout le monde pour les transformer en zombies de glace ?

La belle blonde réussira-t-elle à convaincre ses dragons de faire souffler un vent nouveau, chaud de préférence, sur les marcheurs blancs et ainsi sauver le royaume ?

LES PERSONNAGES : LE JEU DES SEPT FAMILLES

À part quelques exceptions, la plupart des personnages importants de la série appartiennent à des familles. Dans la mythologie *Game of Thrones*, on parle plus volontiers de « maisons », mais la blague aurait été quand même vachement moins drôle : le jeu des sept maisons, c'est pas terrible. En plus, pour être honnête, en tout et pour tout, il y a au moins neuf familles.

Mais pour l'instant, voici les sept familles que vous devez retenir pour y voir plus clair dans le labyrinthe des noms de *Game of Thrones*.

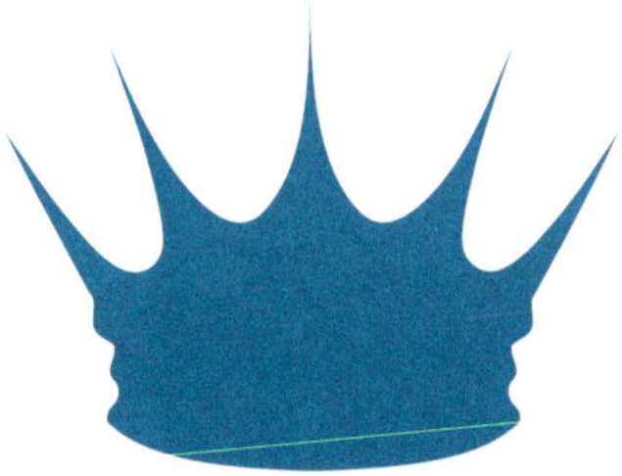

LA FAMILLE STARK

C'est l'une des plus vieilles familles de la série, si ce n'est la plus ancienne. De mémoire d'homme, la famille Stark s'est toujours occupée des régions du Nord (nos Ch'tis à nous, en somme). Par exemple, c'est elle qui a fait construire le fameux mur du Nord censé protéger le pays des sauvageons et autres menaces venues du froid. Climat du nord oblige, dans la famille, c'est plutôt des gens rigoureux (limite rugueux), droits, honnêtes, très respectueux de la nature et des traditions. Bref, c'est plutôt des gentils.

Ses membres éminents

- *Lord Eddard Stark :* surnommé « Ned », c'est lui le patron de Winterfell et l'heureux papa de cinq enfants ou plus. Un gars bien, assurément, doublé d'un sacré combattant.
- *Jon Snow :* on le surnomme « le bâtard », non pas à cause d'un comportement qui sous-entendrait des trahisons et des coups fourrés, mais parce qu'il est présenté comme un fils illégitime de ce bon vieux Ned. La question de l'identité de ses vrais parents est un élément clé de la série. Le gars Jon Snow cumule un peu toutes les qualités : loyal, c'est un beau brun ténébreux, excellent combattant, à tel point que certains le trouvent un peu chiant. Il n'en reste pas moins un des héros majeurs de *Game of Thrones*.

- *Sansa :* ses longs cheveux roux permettent de l'identifier au premier coup d'œil. Grâce à une petite astuce mnémotechnique, vous pouvez ne jamais l'oublier. Dès qu'elle apparaît, répétez : « Les cheveux roux de Sansa, c'est sensass ! ». Ne nous remerciez pas, c'est cadeau et nous sommes là pour ça ! La fille est très importante politiquement parlant. C'est l'aînée des filles Stark, et donc potentiellement un bon plan mariage pour qui veut récupérer l'héritage. À priori un peu gnangnan, Sansa reste une Stark : méfiez-vous de l'eau qui dort !
- *Arya :* c'est la plus jeune des filles Stark. Contrairement à sa grande sœur, la sensass rouquine Sansa, Arya n'a aucun penchant pour la vie de princesse. Avec ses cheveux courts et sa volonté de fer, elle n'a qu'une envie : apprendre à se battre. Son principal trait de caractère est la détermination. Elle est plus rancunière qu'un troupeau d'éléphants et ressemble beaucoup plus à un garçon qu'à une petite nana. C'est très pratique, surtout lorsque l'on recherche une jeune femme sans rien connaître d'autre que ses nom et prénom.
- *Bran :* c'est l'avant-dernier fils de Ned. Il est aussi doué dans l'art de l'escalade qu'il est maladroit dans l'art de chuter. De toute la famille Stark, il semble être celui qui est le plus connecté avec les forces occultes de la nature comme pouvaient l'être ses ancêtres. Au début, tout va bien pour Bran, mais, très vite, il devient handicapé. Dans son malheur, il va rencontrer le bonheur. Celui-ci va porter un nom chelou : Hodor.

- *Hodor :* c'est un mec un peu chelou qui a 2 de QI. Mais vraiment. Peut-être 4 ou 5 par temps clair, mais guère plus. Tout le monde l'appelle Hodor, parce que c'est le seul mot qu'il utilise pour parler. C'est un peu l'ancêtre des Schtroumpfs question langage. Ça vous schtroumpfe comme explication ? C'est plus schtroumpf comme ça, non ? Bref, il n'a qu'un seul mot à son vocabulaire, mais en y mettant le ton, il arrive à se faire comprendre. Hodor, même s'il est un peu con, il est trop cool en fait, car il est balèze et il ferait tout pour protéger Bran, même si cela signifie mourir. Hodor est un personnage tellement incroyable, que des petits malins ont réussi à agiter les réseaux sociaux en imaginant que le géant du mobilier nordique, Ikea, avait baptisé un de ses accessoires « Hodor ». Tout le monde y a cru, ou presque ! Alors, c'est pas la classe, ça ? Si, trop la classe, même si l'accessoire en question, c'est un cale-porte. Comprenne qui pourra... (En fait, on sait pourquoi, mais on ne veut pas le dire.) Hodor est un serviteur de la famille Stark, ce n'est pas vraiment un Stark à proprement parler, mais comme il est comme un frère pour Bran, alors ça marche, il a tout à fait sa place chez eux.

Son QG

C'est la forteresse de Winterfell. Cet énorme château présente l'avantage d'être construit sur des sources d'eau chaude, un chauffage central gratos totalement écolo. En plus, il se trouve au bord de la route royale qui permet de rejoindre directement la capitale de Westeros : Port-Réal. Le chauffage, les transports, la nature et l'espace, autant d'arguments pour avoir envie de s'y poser.

Son emblème

Le *direwolf*, qui n'est rien d'autre qu'un loup géant. En gros, il fait la taille d'un petit cheval. Dans la série, les six enfants de la famille Stark ont tous le leur : trop mignon.

Sa devise

C'est la plus facile à mémoriser : *L'Hiver vient.*

LA FAMILLE LANNISTER

Famille ancestrale, les Lannister sont accessoirement la famille la plus riche de tout le pays. Son territoire concerne surtout les régions de l'ouest. Les Lannister sont censés être tous grands, beaux et bien blonds. Il existe cependant au sein du clan quelques exceptions. Globalement, ce sont de sacrés enfoirés, mais les choses ne sont jamais ni toutes blanches ni toutes noires.

Ses membres éminents

- *Cersei :* jeune femme séduisante, sa beauté n'a d'égale que sa cruauté. Pour renforcer le pouvoir de sa famille, elle n'a pas hésité à épouser Robert Baratheon, le roi des Sept Couronnes. Ce coup de maître l'a directement propulsée au rang de reine des Sept Couronnes. Sans foi ni aucune forme de barrière morale, elle préfère tout faire en famille, surtout les enfants. Et ce n'est pas son frère jumeau, Ser Jaime, qui s'en plaindra. Trois enfants plus tard, elle n'a rien perdu de sa hargne et de sa cruauté. Cersei, on aime la détester et on aime la voir souffrir, même si moralement c'est mal. Cersei, en gros, c'est la honte. Et vous savez quoi ? La honte va bien le lui rendre : Honte ! Honte ! Honte !
- *Ser Jaime :* c'est le frère jumeau de Cersei. Lors de l'accouchement, il est arrivé en deuxième position. Cela semble anodin comme ça, mais

en fait, deuxième sur une ligne d'accouchement, ça vous conditionne une vie tout entière. C'est l'éternel second, quoi. Voilà. Jaime, il est grand, il est jeune, il est blond, il est canon et il se bat sacrément bien. Son petit nom, c'est « le Régicide ». Ce n'est pas vraiment qu'il ne peut pas saquer les Régis, non, c'est qu'il n'a pas hésité à tuer son roi d'un coup d'épée dans le dos quand l'occasion s'est présentée à lui. Bon, inutile de vous faire un dessin, comme tous les Lannister, vous l'avez compris, c'est quand même un sacré pourri. Mais comme le vin, en vieillissant, il s'affine, il se bonifie. Jaime, il est dur à cuire et il est dur à suivre, ça le rend diablement intéressant.

- *Tyrion :* c'est le petit frère de Cersei et Jaime. Et le terme petit est vraiment à prendre au pied de la lettre. Tyrion est un nain. Sa mère est morte durant l'accouchement, ce qui lui vaut d'être particulièrement détesté par toute la famille, surtout par sa sœur et son père. Du coup, pour beaucoup, Tyrion n'est rien d'autre qu'un monstre qui aurait plus sa place dans un bocal débordant de formol qu'à la cour d'un roi. Erreur ! Tyrion est doté d'une intelligence rare, ce qui lui permet d'être un fin stratège. C'est aussi et surtout un bon vivant qui adore les prostituées et l'alcool, mais pas forcément dans cet ordre. De tous les Lannister, c'est définitivement le plus humain, le plus lucide, voire le plus clairvoyant. Tyrion, on l'aime d'amour, car c'est lui qui dégaine toujours les meilleures vannes, surtout au moment où on s'y attend le moins. Et vous savez ce que l'on dit ? Téléspectateur qui rit, à moitié ~~dans ton lit~~ conquis !

Son QG

C'est la forteresse de Castral Roc, un château imposant qui surplombe tout à des kilomètres alentour, notamment de hautes falaises qui donnent sur la mer.

Son emblème

Un lion d'or rugissant sur un fond rouge sang.

Sa devise

Je rugis. Mais ça, c'est la devise dite officielle, celle que l'on met sur les documents administratifs. En réalité, la devise que les Lannister utilisent pour faire classe est la suivante : *Un Lannister paie toujours ses dettes.* Vous avouerez qu'avant de trancher la tête de quelqu'un, ou de lui envoyer un carreau d'arbalète, ça en jette grave plus de dire *Un Lannister paie toujours ses dettes* que de balancer un *Je rugis,* même s'il est ponctué d'un « Graouuuu » tonitruant.

LA FAMILLE BARATHEON

Au commencement de la série, la famille Baratheon, c'est la classe. En effet, c'est elle qui dirige la boutique, c'est elle qui a décroché le droit de s'asseoir sur le trône de fer. Mais ça, c'est comme président de la République, ça ne dure pas. Le reste du temps, la famille Baratheon gère les Terres de l'Orage, la partie qui se trouve au sud-ouest de Westeros.

Ses membres éminents

- *Robert :* au tout début de la série, Robert, c'est le patron. C'est lui qui a les fesses bien au frais sur le trône de fer. Son petit nom de scène, c'est « l'Usurpateur ». Ce sobriquet, il le doit au fait que son accession au trône ne s'est pas faite par les voies « légales » de la succession, mais en menant avec brio une rébellion. Vous imaginez bien que du point de vue du clan Targaryen et des détracteurs du bon Robert, cette prise de pouvoir n'est pas vraiment la bienvenue. D'où le surnom pour le nouveau roi et l'appellation « guerre de l'Usurpateur » pour le coup d'état. Bref, Robert, il a deux frères, Stannis et Renly, et trois enfants : Joffrey, Myrcella et Tommen. Robert, ce qu'il aime, c'est conquérir le pouvoir ; la gestion du quotidien, c'est moins son truc. Du coup, il s'ennuie ; du coup, il picole ; du coup, il est moins attentif, surtout pendant les parties de chasse ; et du coup, ben il fait des bêtises...

- *Joffrey :* du haut de ses 19 printemps, c'est l'aîné du couple Robert-Cersei. C'est important de le noter, car si jamais Robert venait à décéder (qui sait, un malheur est si vite arrivé), c'est lui qui prendrait la relève. Très vite, on réalise que Joffrey, il a plutôt hérité des gènes de sa mère. C'est un personnage absolument dégueulasse, odieux, dont le principal hobby s'appelle : la torture. Peu importe qu'elle soit morale ou physique, il kiffe les deux de la même façon.

Son QG

C'est le château d'Accalmie. C'est aussi la plus puissante des forteresses du royaume des Sept Couronnes. Elle doit sa force à un sort magique qui la protège des sorts magiques. Oui, la vie est bien faite parfois dans *Game of Thrones*.

Son emblème

Un cerf noir sur un fond or, debout sur ses grandes pattes arrière avec une couronne autour du cou.

Sa devise

Nôtre est la fureur. Étonnante, cette tournure grammaticale, non ? Ça ne vous rappelle rien ? Hummm... Du maître Yoda on dirait...

LA FAMILLE TARGARYEN

C'est une famille antique qui a eu son heure de gloire il y a super longtemps, mais qui a été mise à mal par un fléau. Un peu comme les dinosaures sur Terre, vous voyez. Avant la météorite, tout allait bien. La différence avec les dinosaures, c'est que les Targaryen sont encore là pour en parler. Ils ont même eu des rois dans la famille, dont le dernier s'appelle Aerys II le Fou. Fou en partie, car il était issu d'une longue lignée de mariages consanguins. Ça situe le personnage... Il a été détrôné par Robert Baratheon.

Son membre éminent

- *Daenerys :* c'est la fille d'Aerys II le Fou. Le coup d'État de Robert l'a obligée à fuir Westeros pour Essos. En même temps, c'est bien, les voyages forment la jeunesse. C'est un petit bout de femme dur comme le plus trempé des aciers, à l'image de son caractère. En même temps, c'est la mère de trois dragons. Et pour élever seule trois dragons, il faut être sacrément balèze. Daenerys passe une très grande partie de la série à vivre une vie de merde sur Essos, loin des complots et autres saloperies qui agitent Westeros. Mais une fois qu'elle aura remis de l'ordre dans ses affaires, il n'est pas impossible qu'elle tente de rappeler aux autres familles que la sienne a tenu la boutique pendant près de 300 ans... Et avec trois dragons à ses côtés, il est possible qu'elle soit entendue.

Son QG

L'île de Peyredragon, située dans une baie non loin de la capitale de Westeros : Port-Réal. Et puis, se sentant à l'étroit dans le détroit, les Targaryen, aidés de leurs magnifiques et puissants dragons, s'installèrent à Port-Réal, ainsi qu'à Lestival, une ville plus au sud dans les Terres de l'Orage.

Son emblème

Un dragon rouge à trois têtes sur un fond noir. Les trois têtes symbolisent à la fois les frères et sœurs à l'époque de la splendeur des Targaryen, mais aussi les trois dragons qui leur ont offert 300 ans de domination.

Sa devise

Feu et sang. Oui, le feu que les dragons crachent, le sang qu'ils font couler sans hésiter... Les Targaryen font une fixette sur les dragons, on va finir par le savoir...

LA FAMILLE TYRELL

Elle appartient au clan des vieilles familles de Westeros. Question pognon, c'est un peu le Poulidor de *Game of Thrones*, c'est l'éternel second. Très riche mais... pas assez riche pour être prem's. À la base, ils sont plutôt du genre à soutenir les Targaryen, mais depuis que les Lannister ont pris les choses en main, ils font le maximum pour faire copain-copain avec eux. Cersei a un fils ou deux à marier, les Tyrell une fille à faire épouser, ils devraient pouvoir s'arranger...

Ses membres éminents

- *Lady Olenna :* c'est une grand-mère du genre à qui tu ne peux pas la faire à l'envers. En même temps, être vieux dans *Game of Thrones*, c'est soit un putain de miracle, soit un QI d'au moins 200.
- *Margaery :* c'est la meuf un peu gnangnan qui arrive toujours à bien se placer malgré les turpitudes de la vie, et Dieu sait si elles sont nombreuses. Margaery est très importante, car, dans le jeu du trône, elle arrive toujours à se maquer avec le (futur) roi.

Son QG

La forteresse de Hautjardin est située sur une colline au sud-ouest de Westeros. C'est la grande classe, bien qu'un peu m'as-tu-vu avec ses fontaines, ses structures en marbre, ses plantes vertes magnifiques.

La flore, sur place, est époustouflante, notamment ses fruits et ses roses jaunes.

Son emblème

Une rose dorée sur un fond vert. Ils ne sont pas allés chercher bien loin pour l'emblème, puisque la nature autour de Hautjardin est verdoyante et les roses jaunes y poussent comme du chiendent.

Sa devise

Plus haut, plus fort. Il ne fait aucun doute que Pierre de Coubertin, lorsqu'il a proposé la devise olympique *Citius, altius, fortius,* que l'on peut traduire par « Plus vite, plus haut, plus fort », pensait à la devise de la famille Tyrell. En effet, chronologiquement, ça ne peut pas être le contraire... à moins que...

LA FAMILLE BOLTON

La famille Bolton, on ne va pas se mentir, c'est la famille de l'horreur. Depuis des générations, ils se fabriquent des manteaux en cuir avec la peau de leurs ennemis. On peut penser que c'est un geste écolo de recyclage ultime, mais il n'en est rien. Ils sont plutôt du côté des Stark, mais franchement, à votre place, je ne parierais pas un kopeck sur la crédibilité de cette alliance...

Son membre éminent

- *Ramsay Bolton :* c'est l'unique descendant de la famille. Il cultive un goût très prononcé pour la torture physique et morale avec un petit faible pour l'émasculation (que voulez-vous, personne n'est parfait). Il a aussi la passion des gros chiens voraces et du tir à l'arc, domaine dans lequel il possède un réel talent.

Son QG

Cela ne s'invente pas, la famille Bolton réside à Fort-Terreur. Cette forteresse imposante située au nord-est de Westeros, à quelques encablures de Winterfell, semble complètement imprenable. Petit détail architectural sympathique : la plupart des torches qui éclairent la forteresse sont tenues par des squelettes de bras humains 100 %

véritables. On a du goût ou on n’en a pas, et puis c’est tout.

Son emblème

Il en existe de différentes sortes, mais, globalement, on y retrouve un homme écorché vif avec une dominante de couleur rouge sang.

Sa devise

Elle n’a jamais été vraiment prononcée, mais, de source sûre – c’est Martin qui l’a dit –, ce serait : *Nos lames sont acérées*. Pour pouvoir écorcher ses victimes et en faire des manteaux, c’est plus raisonnable. Encore une fois, voilà une devise qui fait sens !

LA FAMILLE ARRYN

Autrefois très influente – c'est notamment elle qui a permis à Robert Baratheon de prendre le trône de fer –, la famille Arryn a perdu de sa superbe. Elle n'en demeure pas moins intéressante, car elle a accueilli en son sein l'un des personnages les plus ambigus et les plus manipulateurs de la série : Petyr Baelish.

Son membre éminent

- *Petyr Baelish :* ce petit gars qui ne ressemble à rien, tout maigre, tout chétif, est en réalité une pourriture sans scrupule, capable de fomenter les pires complots. Il est surnommé « Littlefinger », non pas à cause d'une particularité anatomique, mais en raison de sa région d'origine : « Les Doigts ». Le garçon a un CV pour le moins troublant, entre trésorier du roi et tenancier de bordel. Stratège de premier ordre, son ambition n'a aucune limite, ce qui lui confère une note de 10/10 en tant que générateur d'emmerdements.

Son QG

Située dans le Val d'Arryn, au milieu et à l'est de Westeros, la forteresse des Eyrié est renommée pour ses cellules célestes qui donnent directement sur un vide abyssal. Outre les cellules, la pièce principale du château accueille ce que l'on appelle la porte de la Lune, une ouverture dans le sol qui offre une chute vertigineuse de laquelle on ne réchappe pas. Très divertissant lorsque l'on a des invités, pour une soirée, un anniversaire, une Bar Mitsvah ou juste un goûter.

Son emblème

Un faucon bleu en piqué sur fond de pleine lune. Et le faucon, c'est qui ? Dans la série télé, c'est Petyr, qui s'avère être le vrai intelligent.

Sa devise

Aussi haute qu'honneur. C'est une fine allusion au fait que la forteresse familiale se situe sur de très hautes montagnes. Quant à l'honneur, ce qui était vrai hier ne l'est peut-être plus forcément aujourd'hui...

ILS L'ONT DIT : LES RÉPLIQUES À MÉDITER

Voici quelques citations extraites de la série télé avec, à chaque fois, un petit commentaire pour vous permettre d'en tirer le meilleur. Attention, spoil !

Saison 1

• *Cersei à Ned Stark :*

« Quand on joue au jeu des trônes, soit on gagne, soit on meurt. »

Cersei, c'est clairement la meilleure pour mettre de l'ambiance. Dès le début, elle joue cartes sur table en expliquant qu'elle veut le trône de fer et qu'elle est prête à tuer et à mourir pour l'obtenir. Mine de rien, ici, elle pose les bases de la politique dans *Game of Thrones*. Alors, qui est candidat ?

• *Cersei à Joffrey :*

« Tous ceux qui ne sont pas nous sont nos ennemis. »

Joffrey, c'est le fils aîné de Cersei. Pour sa maman, une bonne éducation, c'est primordial. Elle lui édicte donc quelques règles de vie, dont celle-ci, pour bien se conduire en société et surtout pour s'assurer de rester sur le trône de fer le plus longtemps possible.

• *Tyrion à Jon Snow :*

« Tous les nains sont des bâtards
aux yeux de leur père. »

Dès le premier épisode, avec cette simple réplique, Tyrion fait la démonstration de la finesse de son esprit. Il fait copain-copain avec Jon Snow sans jouer à touche-pipi, juste en lui expliquant qu'il comprend sa souffrance. Jon est un bâtard, ce qui le prive des droits et des privilèges d'appartenir à la maison Stark. Tyrion, habilement, lui explique que sa condition de nain lui inflige les mêmes souffrances, notamment le sentiment de rejet que sa famille lui inspire. Habile, non ?

• *Lord Baelish :*

« Ah, les Stark ! Sang vif, esprit lent. »

Dans cette scène plutôt drôle, Lord Baelish promet à Ned de le conduire à sa femme. Le truc, c'est que Petyr l'entraîne dans un bordel dont il a la gestion... Ned, pensant que c'est une bonne blague de mec qui se croit plus intelligent que tout le monde, commence à l'étrangler sévère pour le remercier de ce trait d'humour. Heureusement pour Baelish, Catelyn apparaît comme une fleur à la fenêtre et sauve la situation. Suite à cet incident, Lord Baelish murmure cette phrase qui dit combien les Stark sont premier degré et pas manipulateurs et fourbes pour un sou. Ce qui n'est évidemment pas le cas de cette petite crotte de Lord Baelish...

• *Ned Stark à Jon Snow :*

**« À notre prochaine rencontre,
nous parlerons de ta mère. »**

Tout le talent de cette série réside dans cette phrase. En effet, elle cache le secret de l'identité de la mère de Jon Snow. Mais plutôt que de le révéler, elle repousse l'échéance. Cependant, dans *Game of Thrones*, tout peut arriver à n'importe quel moment… et rien n'est moins certain qu'une « prochaine rencontre »…

Saison 2

• *Daenerys en colère :*

**« Je ne suis pas votre petite princesse.
Je suis Daenerys du Typhon, du sang de l'antique
Valyria, et je prendrai ce qui m'appartient.
Je le prendrai par le feu et par le sang ! »**

Daenerys nous rappelle ici qu'elle n'est pas juste la gentille belle blonde. Elle est issue d'une pure famille de *winners* qui ont longtemps régné sur le pays et, si c'est nécessaire, elle va faire valoir ses droits par le feu et le sang : ambiance… En plus, elle a du chien, la petite princesse, non ? (Ne dites pas que nous l'avons appelée petite princesse !)

• *Shae :*

**« Tous les hommes qui ont goûté à ma cuisine
m'ont dit quelle bonne putain je faisais… »**

Shae, c'est une prostituée plutôt mystérieuse quant à son parcours et ses origines. Elle devient la protégée de Tyrion qui lui voue une passion amoureuse. Cette petite phrase nous rappelle que la série est, d'une part, bien destinée à un public adulte et, d'autre part, drôle. Avec des répliques comme ça, on comprend que Tyrion soit tombé amoureux.

• *Tyrion à Cersei à propos de Joffrey :*

« C'est difficile de mettre une laisse à un chien une fois qu'on lui a posé une couronne sur la tête. »

C'est un moment dans la série où Joffrey, devenu roi des Sept Couronnes, débloque totalement. Cersei est dépassée par les événements. Tyrion, avec beaucoup d'intelligence comme à son habitude, lui fait remarquer qu'elle est la seule responsable de cet énorme chaos. C'est elle qui a mis son fils dans cette position et il va être difficile, voire impossible, de reprendre le contrôle maintenant...

• *Ygrid à Jon :*

« Tu ne sais rien du tout, Jon Snow. »

Énorme citation de la série, au moins aussi forte que *Winter is coming*. Ygrid est une sauvageonne, une guerrière têtue et moqueuse, au caractère et à la chevelure de feu. Cette phrase, elle va la lui répéter pas loin d'une vingtaine de fois dans la série, et plus elle va la lui répéter, plus elle va prendre de sens différents, de profondeur.
Tout d'abord, par son caractère, Ygrid est taquine. Jon est un homme profondément bon avec une bonne couche de naïveté. La première explication, la plus évidente, est celle qui a été surexploitée sur

Internet dans des centaines de détournements : c'est le foutage de gueule, la vanne, la moquerie, c'est le « t'es con », « t'es teubé ».
Ensuite, il ne faut pas oublier les origines d'Ygrid. Elle vient du nord, au-delà du mur, et en tant que sauvageonne, elle connaît les marcheurs blancs, leur pouvoir, le danger qu'ils représentent. Cette phrase, c'est aussi une façon d'encourager Jon à penser différemment, à s'ouvrir à quelque chose qui le dépasse, qui est plus grand que tout ce qu'il peut connaître ou avoir vécu. C'est un peu la citation de Socrate : « Tout ce que je sais, c'est que je ne sais rien », mais à la sauce *Game of Thrones.*
Et pour terminer, il ne faut pas oublier qu'Ygrid est amoureuse de Jon, et derrière son côté brut de décoffrage, ours bourru, elle cache une réelle timidité, et cette phrase lui permet tout simplement de dire : « Je t'aime… » C'est pas beau, ça ? Eh oui, *you know nothing*, toi, le lecteur.

• *Jaqen H'ghar à Arya :*

« Valar morghulis. »

Cette phrase, en haut valyrien, signifie en gros : « Tout homme doit tôt ou tard mourir. » C'est un assassin qui dit ces mots à Arya Stark en lui expliquant que c'est le code, le mot de passe qu'elle pourra utiliser si jamais un jour elle a besoin de le retrouver. Il se trouve qu'à ce moment-là de l'histoire, la petite Arya s'est fait une liste de personnes qu'elle souhaite embrocher jusqu'à ce que mort s'ensuive. Pendant un moment, elle va prononcer cette phrase comme un mantra, en même temps que la liste de ses futures victimes qu'elle récite pour ne jamais l'oublier. D'un point de vue plus philosophique, cette phrase se rapproche de *Memento mori*, la locution latine qui signifie : « Souviens-toi que tu vas mourir. » En gros, tu n'es qu'un homme et, quoi que tu fasses, tu es voué à mourir. C'est gai, c'est frais, c'est léger, ça donne envie de cueillir des pâquerettes et de fredonner une chanson, non ?

Saison 3

• *Olenna Tyrell :*

« Une fois le lait de la vache tiré, on ne peut pas remettre la crème dans les mamelles. »

La saison 3 nous réserve l'apparition de celle que l'on surnomme la « Reine des épines », Olenna Tyrell, qui n'est autre que la grand-mère de Margaery. Ce personnage haut en couleurs, très intelligent et perfide comme on les aime, balance des *punchlines* de l'espace qui prouvent à chaque fois à quel point elle est clairvoyante.

• *À propos de Littlefinger :*

« Il regarderait brûler ce pays s'il pouvait régner sur les cendres. »

Voici la façon dont l'eunuque Lord Varys décrit Petyr « Littlefinger » Baelish à Olenna Tyrell. Cela confirme tout le mal que l'on pouvait penser de Littlefinger dès le début. Avec le temps, cela ne s'arrange pas du tout, cela va même en s'aggravant.

• *Tyrion ivre :*

« Je suis le dieu des seins et du vin. »

Cette citation mythique de Tyrion intervient alors que son père s'inquiète qu'il ne cherche pas à assurer la descendance de la famille avec sa femme Sansa. Complètement défait, saoul jusqu'à l'os, Tyrion lui répond cette magnifique phrase en guise d'échappatoire.

• *Arya à Sandor Clegane :*

« Un jour, j'enfoncerai une épée à travers votre œil et elle ressortira par-derrière. »

Le petit bout de femme signé Stark en a sous la chaussette. Elle a du répondant, elle a de la suite dans les idées, et comme tous les Stark, elle ne cache pas sa stratégie, bien au contraire. Ce n'est pas forcément un atout, mais c'est comme ça. La montagne Clegane, le gars qui fait au moins trois fois sa taille, est inscrit sur la liste des gens qu'elle s'est promis de découper façon saucisses cocktail et elle ne manque donc pas de le lui rappeler à la première occasion.

Saison 4

• *Tyrion :*

« Il s'avère qu'il y a bien trop d'écrits
sur les grands hommes et très peu sur les idiots.
Cela ne me semble pas juste. »

Une fois encore, Tyrion nous fait une belle démonstration de son intelligence. À ce moment-là de l'histoire, il est en train de parler avec son frère d'un de leur cousin, un simple d'esprit, qui mettait beaucoup d'énergie et d'application à écraser tous les scarabées qu'il pouvait rencontrer. Tyrion tire de cette histoire des enseignements sur la vie et sur la violence. Il nous fait donc ainsi remarquer que parfois on apprend plus de choses sur la vie grâce aux imbéciles. À méditer, surtout au boulot !

- *Tyrion à Jaime :*

« Tu es le fils préféré. Tu peux tuer un roi, perdre une main, baiser ta propre sœur, tu restes le fils préféré !

— Prends garde, je suis le seul ami qu'il te reste. »

Ce passage, teinté d'ironie et d'amertume à la fois, est touchant. Tyrion témoigne devant son frère de la souffrance d'avoir été rejeté par son père depuis le tout début. Peu importe ce qu'il a pu faire de bien, peu importe son comportement, son père l'a toujours rejeté, contrairement à Jaime.

- *Cersei :*

« À quoi bon le pouvoir si on ne peut pas protéger ceux qu'on aime ? »

Cersei se promène avec le prince Oberyn et se prend à philosopher avec un air nostalgique sur l'absurdité de la vie. Voilà qui lui donne un côté humain assez surprenant. À moins qu'elle ne soit en train de manipuler le bon prince...

• *Tyrion en regardant sa sœur :*

« Regarder ton bâtard de fils mourir m'a apporté plus de soulagement que les mensonges de mille putains. »

Tyrion, en plein procès devant la cour entière, fait face à son père et sa sœur. Lors d'une tirade mémorable dans laquelle il explique que le seul péché qu'il ait jamais commis aux yeux de sa famille est celui d'être né nain, il fait éclater au grand jour une vérité fracassante qui aurait dû rester au rang de la rumeur. C'est violent et tranchant comme la lame d'une guillotine en action.

Saison 5

• *Jaime Lannister :*

« Nous ne choisissons pas ceux que nous aimons. »

La réponse à la question : mais comment un frère et une sœur peuvent-ils tomber amoureux ? Ben... voilà. Jaime, il nous explique ça en une phrase.

• *Lord Varys :*

« Les renseignements, c'est la clé. Vous devez connaître les forces et les faiblesses de vos ennemis. Vous devez apprendre lesquels de vos amis ne sont pas vos amis. »

Lord Varys, l'eunuque, nous fait une petite leçon de stratégie, un petit didacticiel pour rester vivant le plus longtemps possible dans *Game of Thrones.* Nous sommes tous amis, mais certains le sont bien moins que d'autres. Encore une belle phrase à méditer ! #ParanoMeVoilà

• *Lord Varys :*

« Quelqu'un qui sert d'inspiration aux prêtres autant qu'aux prostituées mérite la plus grande attention. »

Lord Varys n'est pas le dernier pour balancer des *punchlines* plus puissantes que nos meilleurs rappeurs. En plus, elles sont suffisamment courtes pour pouvoir être tweetées ! Quel pied !

• *Septa Unella à Cersei :*

« *Shame ! Shame ! Shame !* (Ding ! Ding ! Ding !) *Shame ! Shame ! Shame !* »

Celle-ci, elle marche mieux, avec un mauvais jeu de mots, en anglais qu'en français (marche, marche de la honte... tout ça, tout ça).
Septa Unella, c'est l'une des dévotes du Grand Moineau. Une femme d'Église, diront certains. Elle met beaucoup de cœur à l'ouvrage, comme lors de la marche de la honte effectuée par Cersei, marche durant laquelle cette chère Septa Unella lui colle à la culotte (qu'elle n'a plus) en criant : « Honte ! Honte ! Honte ! » entre plusieurs sonneries de cloches, au cas où il resterait des badauds à rameuter.

Saison 6

• *Tyrion à un dragon :*

« Je suis un ami de ta mère. Je suis ici pour donner un coup de main. On ne mange pas celui qui vient aider. »

Aussi courageux et vaillant soit-il, Tyrion a toujours fait davantage confiance à son intelligence qu'à son physique. Face aux humains, il faut reconnaître que cela lui a toujours plutôt réussi. Ici, on oublie les blagues, on oublie l'arrogance et les jeux de mots, on serre très fort les miches (surtout ne pas péter) et on prie pour que tout se passe bien.

• *Melisandre à Jon Snow :*

« Ensuite, après qu'ils vous ont poignardé, après votre mort… où vous êtes-vous retrouvé ? Qu'avez-vous vu ?

— Rien. »

Melisandre le sait, Jon, il a vu le tunnel avec la lumière blanche, il a été tout au bout, puis… eh bien, il est revenu. Alors, forcément, Melisandre la sorcière, elle aimerait bien décrocher le scoop et être la première à savoir ce qu'il s'y trame au bout de ce tunnel. Mais comme le seul truc que sait Jon Snow, c'est : *You know nothing, Jon Snow* (« Tu ne sais rien, Jon Snow »), sa réponse est assez cohérente : « Rien. » Bon, pour le scoop, il faudra trouver quelqu'un d'autre.

• *Arya à nous (entre autres) :*

« La fille est Arya Stark de Winterfell.
Et je rentre à la maison. »

Arya, c'est un peu la chouchoute de la série. C'est une ado qui a un courage de ouf et qui galère plus que personne, mon frère ! Mais elle s'en sort. Son voyage initiatique est extrêmement pénible, solitaire et dangereux, mais quand elle arrive enfin au bout, elle nous balance une *punchline* qui fait lever tout le monde du canapé avec une petite larme au coin de l'œil ! C'est mon Arya, ça ! C'est bien, ma fille !

• *Daenerys :*

« Tyrion Lannister, je te nomme main de la reine. »

La série a essuyé quelques attaques concernant le traitement des femmes, quelques voix se sont élevées pour dire qu'elle était misogyne et rétrograde. Eh bien voilà, avec cette seule phrase, on comprend que c'est un peu le contraire. Non seulement c'est une femme qui prend le pouvoir, mais elle s'attache les services de l'un des personnages masculins les plus emblématiques de la série, non pas pour sa beauté ou sa force, mais pour son intelligence… C'est pas beau, ça, madame ?

• *Hodor :*

« Hold the door ! »

Allez, n'ayons pas peur des mots, voici la scène la plus marquante de la saison 6 de *Game of Thrones*. En trois mots justement, Hodor, l'un des personnages secondaires les plus attachants, nous livre la clé d'un secret incroyable : l'origine de son nom... Bon, si ça marche parfaitement en anglais, c'est un bide total en français. Hodor est la contraction de *Hold the door*, soit : « Retiens la porte ». En français, pour bien faire, il aurait dû s'appeler : Retporte !

Hors contexte, il n'y paraît pas, mais c'est sincèrement un passage touchant, émouvant, triste et poignant. C'est con, mais de comprendre à quel point ce personnage simple d'esprit a fait preuve de dévotion et de sacrifice, eh bien, ça, c'est beau !

Game of Thrones : en cuisine

GEORGE R. R. MARTIN : LE MAÎTRE DE LA PLUME

Martin à la nursery

C'est le 20 septembre 1948 à Bayonne[1] (attention, il y a un piège !) que naît George Raymond Richard Martin, ou plus simplement George R. R. Martin. Écrivain, scénariste et producteur américain, il est connu pour être l'auteur de la série de romans *Le Trône de fer*, que les Anglais préfèrent appeler *A Song of Ice and Fire*, ce que Didier Barbelivien, après avoir pris soin d'allumer un feu de bois et de sortir sa guitare, traduirait volontiers par *Une chanson de glace et de feu*, dont il ferait peut-être un tube, mais pas sûr...

Martin à la page

Martin est l'auteur de plus de 40 nouvelles, histoires courtes et romans, ainsi que le scénariste de plusieurs épisodes de séries télé, telles que :

- *La Quatrième Dimension* (*The Twilight Zone*) ;
- *La Belle et la Bête* (*The Beauty and the Beast*), avec notamment Linda Hamilton, la Sarah Connor des premiers films Terminator ;

1. Ce Bayonne-là se trouve dans le New Jersey à quelques kilomètres de New York.

- *Au-delà du réel : l'aventure continue* ;
- *Game of Thrones*, sur le scénario de quelques épisodes.

Martin sur le podium

Depuis 1975, Martin multiplie les prix en littérature avec plus de 26 récompenses pour ses différentes nouvelles, romans courts, romans et anthologies.

Martin au pays des sobriquets

Son succès dans le style fantasy lui vaut le surnom de « Tolkien américain », en référence bien sûr à John Ronald Reuel Tolkien, ou plus simplement J. R. R. Tolkien, l'auteur anglais de la fameuse trilogie du *Seigneur des anneaux*.

Martin dans la salle d'attente

Les trois premiers tomes de sa saga sont sortis entre 1996 et 2000, au rythme d'un bouquin tous les deux ans. Quand on sait que chacun compte en moyenne 900 pages sans images à colorier, on réalise que Martin est plutôt du genre bosseur. Cependant, le tome IV n'arrive qu'en 2005 et le suivant en 2011. Mais que se passe-t-il ? Pourquoi George traîne-t-il ainsi de la plume et du clavier ? C'est d'autant plus embêtant que, contrairement aux fans, la série télé, elle, n'attend pas. C'est ainsi que l'adaptation de l'histoire pourrait bien prendre fin avant même que l'écriture du roman ne soit terminée. Oui, cela ressemble diablement à une faille temporelle de niveau 1, c'est-à-dire une petite, pas une du genre

Marty McFly dans *Retour vers le futur*, tentant d'arranger le coup pour que sa mère et son père se rencontrent et finissent par lui donner naissance, mais une faille temporelle quand même !
Le secret de la faille temporelle de Martin est somme toute assez simple. Il a organisé un petit face-à-face avec les auteurs de la série télé dans une chambre d'hôtel (en tout bien tout honneur d'après les organisateurs, et d'après la police aussi d'ailleurs...) pour révéler tous les points clés de son histoire. Car Martin, il a tout dans la tête, et son histoire, il sait exactement comment elle va se terminer... enfin, d'après les organisateurs – la police n'a pas souhaité se prononcer sur ce sujet.

Martin à la source

C'est dans l'histoire européenne que les romans et leur adaptation tirent leur inspiration. La source la plus évidente est sans aucun doute la guerre des Deux-Roses qui opposa aux XVe siècle en Angleterre les maisons royales de Lancastre et d'York. Deux blases qui ne sont pas sans rappeler les plus faciles à retenir dans *Game of Thrones* : les Lannister et les Stark.

COMMENT LES LIVRES SONT DEVENUS DES ÉPISODES DE SÉRIE TÉLÉ

David Benioff et Daniel B. Weiss sont les deux créateurs de la série télé *Game of Thrones*.

Dans les années 2 000, après le succès du troisième roman, Martin est de plus en plus courtisé par Hollywood qui rêve de faire un long-métrage sur l'univers de *Game of Thrones*. Les projets tournent autour d'un seul personnage – Daenerys ou Jon Snow généralement – et doivent absolument entrer dans la classification PG-13, qui est un peu l'équivalent d'« Interdit aux moins de 12 ans » chez nous. Bref, il faut que les ados puissent aller se goinfrer de pop-corn dans les salles obscures devant le film, alors que les bouquins sont clairement écrits pour un public adulte avec le cœur et les tripes bien accrochés. Début 2006, Benioff reçoit un exemplaire du tome I, le dévore, enchaîne les tomes et convainc sans la moindre peine son ami Weiss qu'ils sont faits pour adapter ses romans... mais pas en long-métrage : en série télé ; et pas avec n'importe qui : avec HBO.

Les voilà maintenant face à l'équivalent de deux Everest à escalader : même pas peur ! (Enfin si, un peu quand même.) Le premier à convaincre, c'est Martin en personne.

Magie du show-biz, ils obtiennent un déjeuner avec lui dans un restaurant à Los Angeles. Ils y resteront le midi, l'après-midi et une partie de la soirée... Non pas qu'ils eussent une dalle d'enfer, mais le courant est très bien passé entre eux. Martin, qui n'est pas le genre de personne à qui on peut promettre la lune sans avoir du répondant, a quand même fait passer un petit test aux deux.

JE N'EN CROIS PAS MES YEUX : LES GROSSES DIFFÉRENCES ENTRE LES LIVRES ET LA SÉRIE (ATTENTION, SPOILER À TOUS LES ÉTAGES !)

MÊME PAS MORT !

De l'aveu de Martin lui-même, David et Dan sont bien plus meurtriers que lui pour ce qui est des personnages de *Game of Thrones*. Voici donc quelques exemples de personnages qui n'ont pas survécu au petit écran, alors qu'ils sont encore fringants dans les pages des bouquins.

Talisa Stark n'est pas morte

Les femmes et les enfants d'abord ! Cette phrase qui est censée privilégier les plus fragiles dans des situations de danger extrême n'a aucune légitimité dans *Game of Thrones*. La pauvrette se retrouve transpercée de part en part durant le fameux épisode 9 de la saison 3 intitulé : *Les Pluies de Castamere*. Dans les bouquins, du fait de sa grossesse, elle est dispensée de festin nuptial et reste donc bien en vie.

Shôren Baratheon est vivante

Dans l'épisode 9 de la saison 5, la fille unique de Stannis Baratheon rejoue bien malgré elle la mort de Jeanne d'Arc en finissant sur un bûcher. Son père est persuadé qu'en sacrifiant sa fille au Maître de la Lumière, il obtiendra de la divinité l'assurance de reprendre le Nord aux mains des Bolton... Ouin, ouin, ouin, ouin, ouin...

Perdu ! Dans les bouquins, la jeune fille à la vilaine maladie de peau reste bien au chaud à la maison plutôt que de suivre papa dans les embrouilles... Parfois, la sagesse n'attend point le nombre des années.

Catelyn Stark reprend du poil de la bête

Plus fort encore ! Dans les pages de la saga de Martin, Lady Catelyn Stark, après avoir servi de clou du spectacle dans la boucherie de l'épisode *Les Pluies de Castamere*, revient à la vie. Si, si... Elle devient alors Lady Cœurdepierre, la meuf qui en a très gros sur la patate.

MÊME PAS VU !

Sansa et Ramsey ?

Même en cherchant bien entre les lignes des différents tomes, vous ne trouverez pas de mariage entre Ramsey Bolton et Sansa Stark. La belle rousse n'a pas bougé des Eyrié et le bon Ramsey a passé ses nerfs et peaufiné son art de la torture morale et physique sur Jeyne Poole, une copine de Sansa.

Tyrion prend cher

Dans la série, après la bataille de Blackwater (ou bataille de la Néra), Tyrion prend cher, avec une putain de balafre qui lui barre le visage. Mouais, pas mal. George, lui, n'y va pas avec le dos du traitement de texte puisque dans les bouquins, à ce moment-là, Tyrion perd carrément son nez. Oops...

Deux eunuques, sinon rien

Daenerys est secondée dans sa quête par un certain Belwas le Fort, un truculent combattant eunuque, limite obèse, qui n'a qu'une obsession : la bouffe. Mais ça, ce n'est que dans les bouquins ; dans la série télé, le beau Belwas n'existe pas.

Daener... Daener... Daener quoi ?

Dans les livres, Tyrion ne rencontre pas Daenerys. Après sa capture par Jorah Mormont, les esclavagistes et tout le toutim, il réussit à s'échapper pour enfin rejoindre la compagnie des mercenaires des Puînés.

La bataille de Durlieu n'aura pas lieu

Incroyable mais pourtant vrai ! Jon Snow et les sauvageons contre les marcheurs blancs dans l'extraordinaire bataille de Durlieu de la fin de la saison 5, c'est du cinéma, c'est du chiqué ! Cette rencontre n'existe nullement dans les livres.

Voilà quelques exemples de différences entre les livres et la série parmi les centaines qui existent vraiment. Si vous devenez accro à l'univers, c'est quand même la meilleure nouvelle qui pouvait tomber. Cela veut dire que vous pouvez faire les deux, regarder la télé et lire les bouquins, ça multiplie le plaisir de la découverte. En plus, si vous êtes imbattable au jeu des sept différences, ça vous fait un sacré challenge !

PAS DE GRANDE SÉRIE SANS UN GÉNÉRIQUE QUI TUE

La petite histoire du grand générique

En tant qu'adaptation de romans à succès, la série se devait de frapper un grand coup dès le générique d'intro. Une des missions les plus délicates était d'amadouer le fan des bouquins, de le rassurer quant à la préservation du patrimoine de ce bon vieux George R. R. Martin. Histoire de mettre toutes les chances de son côté, HBO confie le générique à une pointure du genre : Angus Wall. Le gars est du genre plutôt talentueux puisqu'il est l'heureux propriétaire de deux Oscars en tant que monteur : le premier pour *The Social Network*, le second pour *Millenium : les hommes qui n'aimaient pas les femmes*. Et c'est aussi à lui que l'on doit deux génériques parmi les plus impressionnants du catalogue des séries télé HBO, à savoir ceux de *Rome* et de *La Caravane de l'étrange*. Il se lance avec l'idée que, pour ce générique, il faut faire une carte du monde pour rappeler à chacun où se déroule l'histoire. Mais attention, pas une carte papier de relais d'autoroute ! Non, une miniature faite de matières nobles, un objet créé par les meilleurs artisans.

Bon, ça, c'est pour la beauté des yeux, car pour nous régaler la feuille, c'est Ramin Djawadi qui s'y colle. Ce compositeur n'en est pas à son coup d'essai. Il a bossé pour le cinéma sur des films comme *Iron Man* ou *Pacific Rim*, sur des séries télé comme *Prison Break*, ou même des jeux vidéo comme *Medal of Honor*. Le gars est partout !

Le générique avec son mode d'emploi pour enfin tout comprendre

Directement inspiré des machines extraordinaires de Léonard de Vinci, le générique de la série est un mélange de fresque historique et de carte du monde. La fresque témoigne de l'histoire du monde dans lequel nous nous apprêtons à plonger, tandis que la carte restitue les lieux principaux et les familles les plus importantes. L'intégralité du générique se déroule dans une immense sphère dont la surface intérieure est tapissée d'une maquette de la carte et dont le centre est occupé par un noyau lumineux autour duquel tournent des anneaux en fer.

Le générique commence par un gros plan sur la fresque gravée, et passant à travers les grands anneaux de fer qui encerclent l'énorme sphère lumineuse. Les bas-reliefs qui s'y trouvent rappellent succinctement l'histoire des sept royaumes sur une période qui s'étend de quelques siècles à quelques jours avant les événements racontés dans la série. Trois parties, situées au début, au milieu et à la fin du générique, évoquent successivement la disparition des dragons, la chute de grandes familles, les alliances et enfin le couronnement de la famille Baratheon. Eh oui, tout ça ! Les allers et retours sur la carte nous montrent quels sont les lieux importants de la saison en cours, ainsi que l'emblème de la maison à qui ils appartiennent. Dans la série, comme dans les bouquins, tout commence par une carte de l'univers avec une légende plus ou moins claire suivant que l'on est déjà venu en vacances ou pas. Et pour être sûrs que les lecteurs s'y retrouvent, les créateurs du générique ont utilisé les plans dessinés par George R. R. Martin en personne. La boucle est bouclée !

Les hommages : du pire au meilleur, à moins que ce ne soit l'inverse

Qui dit générique culte dit parodies en tous genres, et *Game of Thrones* ne déroge pas à la règle. Parmi les plus drôles, on trouve surtout des reprises avec des chats, Internet oblige, des chiens, des chèvres, des jeux vidéo comme *Super Mario* ou *Portal*, *Les Simpson*, bien sûr, et même la garde royale de la reine d'Angleterre ! Les parodies, c'est le meilleur témoignage du succès d'une série, et là, c'est carton plein. Allez, foncez sur vos moteurs de recherche préférés, testez un combo *Game of Thrones* + l'un des éléments ci-dessus, et régalez-vous, c'est pour nous !

GAME OF THRONES : UN HOMME AVERTI EN VAUT DEUX !

TU SAIS QUE TU AS ÉTÉ ÉPARGNÉ PAR LE PHÉNOMÈNE *GAME OF THRONES* QUAND…

- … tu regardes la météo sur ton smartphone, car tu as peur des premières neiges, alors que tout le monde crie : « *Winter is coming* ».
- … tu crois reconnaître la musique de *Pirates des Caraïbes,* alors que tout le monde fredonne le générique de la série.
- … tu penses à Tony Stark du film *Iron Man,* alors que tu entends parler de la famille Stark.
- … tu penses au mur de Berlin, alors que ton entourage parle du « mur » et de la garde de nuit.
- … tu penses qu'Arya, Hodor, Tyrion et Sansa sont des marques de lessive.
- … tu entends parler du *Trône de fer* et que tu penses à des toilettes en acier.
- … tu imagines que tes collègues sont passés au niveau 80 dans un jeu de rôle massivement multijoueur en ligne, alors qu'ils évoquent juste un passage de la série.
- … tu t'imagines des trucs bizarres lorsque l'on te résume la série en disant : « C'est sexe, violence et coups de pute dans un univers fantastique avec des dragons. »

TU SAIS QUE TU ES EN PRÉSENCE D'UN FAN DE *GAME OF THRONES* QUAND... ?

- ... il regarde des reprises du générique.
- ... il dit *Winter is coming* au moment de ressortir sa doudoune.
- ... il envisage d'appeler ses enfants Arya, Tyrion et Sansa.
- ... il dit que Tyrion est un nain tellement plus stylé que Passe-Partout de *Fort Boyard* et Mimie Mathy de *Joséphine, ange gardien*.
- ... il voit l'emblème des Lannister en regardant le lion sur les cahiers Oxford et les camemberts Cœur de Lion.
- ... il pense à la garde de nuit en entendant le mot « mur ».

TU SAIS QU'IL EST TEMPS DE RAISONNER UN FAN DE *GAME OF THRONES* QUAND...

- ... il regarde des vidéos de chats sur YouTube reprenant le thème de la série.
- ... il annule tous ses rendez-vous chaque lundi soir pour regarder le dernier épisode diffusé la veille aux États-Unis.
- ... il a envie de lire les bouquins juste pour dire à ses amis : « Mouais, c'était pas comme ça dans le livre. »
- ... il dit que Jaime Lannister ressemble au Prince Charmant dans *Shrek*.

- ... il dit que le présentateur du JT de France 2, Laurent Delahousse, ressemble à Jaime Lannister, et donc au Prince Charmant dans *Shrek*.
- ... il connaît le nom de toutes les familles de la série, alors qu'il hésite dès lors qu'on lui demande celui de l'un de ses cousins.
- ... il dit qu'il aurait préféré faire *dothraki* en première langue à la place d'allemand.
- ... il crie : « Pour le Nord » devant un plat de moules-frites ou la rediffusion des *Ch'tis à Mykonos*.
- ... il dit qu'adopter un dragon, c'est dix fois plus cool qu'un chien ou un chat.
- ... il voit un corbeau et qu'il te dit : « Tiens, v'là le facteur ! »

CES MOMENTS DE TA VIE OÙ TU PEUX CITER *GAME OF THRONES*

Winter is coming !

- Quand tu rentres de tes vacances d'été et que tu trouves ton avis d'imposition dans la boîte aux lettres...
- Quand ton boss te convoque dans son bureau, alors que ce n'était pas prévu...
- Quand ta copine ou ton copain t'appelle en te disant : « Il faut qu'on parle... »
- Quand tu as de la fumée qui sort de ta bouche, alors que tu ne fumes pas...

- Quand tu vois les décorations de Noël dans la rue...
- Quand tu découvres les pubs Coca-Cola avec des ours blancs et un père Noël...
- Quand TF1 rediffuse pour la 40e fois *Le Père Noël est une ordure*...

Tu ne sais rien du tout Jon Snow

- Quand tu viens de t'arrêter devant une vitrine, et que l'on te demande si tu n'as pas déjà suffisamment de paires de chaussures comme ça à la maison...
- Quand tu commences ton créneau et que l'on te dit que tu devrais peut-être utiliser la caméra de recul de la voiture...
- Quand on te demande si ce ne serait pas mieux d'utiliser de l'huile d'arachide plutôt que de l'huile d'olive...
- Quand on te demande si ce pantalon noir et ce pull bleu marine sont vraiment assortis...
- Quand on te demande si tu veux vraiment commander la pizza Éruption à La Réunion et son audacieux sucré-salé...
- Quand on te demande si c'est vraiment le meilleur chemin pour arriver à l'heure à la gare...
- Quand on te demande si tu ne devrais pas songer à changer de coiffeur...
- Quand on te demande si ce jouet en bois commerce équitable 100% bio-organique garanti sans pesticide va vraiment faire plaisir à ton neveu pour ses 18 ans...

Valar Morghulis

- Quand tu t'apprêtes à plonger dans la piscine alors que tu viens de vérifier la température de l'eau et qu'elle est gelée…
- Quand tu t'installes dans cette attraction de la fête foraine que tu t'étais juré de ne jamais faire…
- Quand tu montes dans un taxi dans un pays étranger alors que tu viens juste de remarquer qu'il est beaucoup trop cabossé pour être honnête…
- Quand tu découvres le plat que tu as commandé dans ce resto alors que ta petite voix te disait de ne pas rentrer, et que tu découvres que la photo du menu n'a rien à voir avec la réalité…
- Quand ton gamin prend le volant pour la première fois avec toi dans le cadre de la conduite accompagnée…
- Quand tu as accepté d'aider un pote à déménager et que tu réalises que vous ne serez que trois…
- Quand ta moitié te tend son premier verre réalisé en suivant à la lettre une recette de ce livre intitulé : « Cocktails Exotiques Surprises »…
- Quand tu sors de chez toi avec ce jean ultra-slim que tu as mis 20 minutes à enfiler et que tu réalises que tu ne peux plus fléchir les jambes…

Game of Thrones : Des anecdotes pour briller en société

SUR LES COMÉDIENS

- Pour son casting, *Game of Thrones* n'a pas hésité à faire les courses du côté de la saga du plus célèbre des sorciers, Harry Potter :

  Michelle Fairley, la maman d'Hermione, se retrouve dans les robes de Catelyn Stark ;

  Natalia Tena passe de Tonks à Osha ;

  David Bradley quitte les habits d'Argus pour enfiler ceux de Lord Walder.

- Olenna Tyrell est jouée par la comédienne anglaise **Diana Rigg**, la fabuleuse Emma Peel de la série *Chapeau melon et Bottes de cuir* de la fin des années soixante.

- **Iwan Rheon**, le terrifiant Ramsay Bolton, a tout d'abord passé le casting pour incarner Jon Snow ! Difficile aujourd'hui de le voir autrement que dans la peau de l'ignoble Ramsay, pourtant.

- **Peter Dinklage**, *aka* Tyrion Lannister, *aka* le roi des seins et du vin, est végétarien. En même temps, jusqu'ici, il n'y a rien d'incompatible.

- Arya Stark est le premier rôle en tant que comédienne professionnelle de l'actrice **Maisie**

Williams. Parmi tous les comédiens, c'est elle qui a le plus impressionné George R. R. Martin. Elle s'est tellement impliquée dans son rôle que pour correspondre à son personnage, elle a appris à se battre de la main gauche, alors qu'elle est droitière.

- **Jason Momoa**, le comédien qui incarne Khal Drogo, a littéralement mis le feu lors de son audition en finissant par arracher sa chemise pour exécuter un haka maori des plus impressionnants.

- Dans le pilote qui n'a jamais été diffusé, c'est **Tamzin Merchant**, une actrice britannique connue pour avoir joué dans *Les Tudors*, qui devait jouer Daenerys. Finalement, c'est **Emilia Clarke** qui récupère le rôle.

- **Gillian Anderson**, l'inoubliable Dana Scully de *X-Files*, et **Dominic West**, le Jimmy McNulty de *The Wire*, ont tous les deux refusé de jouer dans la série !

- Le comédien anglais **Ian Whyte** est le moins partageur de tous les comédiens de la série. En effet, toutes saisons confondues, il cumule à lui seul pas moins de quatre rôles différents : un marcheur blanc, Gregor Clegane, les géants Bongo et Wun Wun. En même temps, face à ses 2,15 m et ses 118 kg, difficile de lui refuser un rôle, ou deux, ou trois, ou quatre...

- Dans les années 1990, bien avant d'incarner Bronn dans la série *Game of Thrones*, le comédien **Jerome Flynn** était la moitié du duo Robson &

Jerome, un groupe qui a réussi à classer trois titres à la première place des charts anglais. À vos moteurs de recherche, ça vaut son pesant de clics !

- **Alfie Allen**, le comédien qui incarne Theon Greyjoy, n'est autre que le frère de Lily Allen. Cette dernière lui a même écrit une chanson l'incitant à arrêter la fumette et à trouver un taf, « Alfie » écrite en 2006. Il faut croire qu'elle a été entendue...

- Si **Thomas Brodie-Sangster**, le comédien qui incarne Jojen Reed, le copain de Bran Stark, a 13 ans dans la série, il en a 23 dans la vraie vie au moment du tournage. Habitué des plateaux de cinéma, c'est lui qui jouait Sam, le beau-fils de Liam Neeson dans *Love Actually*.

- La plupart des comédiens avouent ne pas avoir lu les bouquins. Ils expliquent qu'ils ne souhaitent pas prendre le risque de parasiter leur jeu d'acteur en sachant ce qu'il va arriver par la suite... ou alors nous avons affaire à une grosse bande de feignasses !

- **Peter Vaughan**, le comédien qui incarne le mestre Aemon Targaryen, est en partie aveugle dans la vraie vie, en partie comme son personnage, donc.

- Si vous êtes fan du film *The Full Monty*, alors vous avez déjà vu Robert Baratheon faire un strip-tease avec une casquette de policier sur la tête. Oui, présenté comme cela, ça peut paraître étrange, mais pourtant c'est vrai ! **Mark Addy**, le comédien, a le déhanché plutôt convaincant.

- De la même façon, si vous avez vu *Batman Begins*, alors vous avez pu apercevoir Joffrey Baratheon, enfin l'ignoble roi Joffrey. En effet, la petite bouille de **Jack Gleeson** croise quelques secondes le chemin de l'homme chauve-souris sous les traits d'un bambin aussi mignon qu'inoffensif. Ça change !

- **Sibel Kekilli**, la comédienne allemande qui incarne Shae, la prostituée qui devient la maîtresse de Tyrion, a débuté sa carrière de comédienne dans le porno. Quand on vous dit que le porno mène à tout...

- **Julian Glover** incarne le grand mestre Pycelle dans *Game of Thrones*. Avant cela, nous avons pu le croiser en officier de l'Empire dans *L'Empire contre-attaque* ou encore en riche collectionneur d'antiquités et copain des nazis dans *Indiana Jones et la dernière croisade*. Que des rôles de gars sympa en somme...

- **Will Champion**, le batteur du groupe Coldplay, fait une apparition aussi courte que tambourinante dans la série lors de l'inoubliable épisode 9 de la saison 3 intitulé : *Les Pluies de Castamere*. C'est l'un des musiciens du mémorable mariage.

SUR LE TOURNAGE

- Les tournages de la série se sont baladés dans des pays du **monde entier**, comme le Canada, l'Irlande, l'Islande, l'Écosse, l'Espagne, le Maroc, l'île de Malte, ou encore la Croatie...

- Les créateurs de la série n'ont jamais caché leur amour pour les **Monty Python**. Une partie du pilote a même été tournée dans le même château que celui utilisé dans *Monty Python : Sacré Graal*.

- Pour les scènes réalisées sur le mur, **Kit Harington** raconte que le tournage s'est déroulé en studio et qu'avec le système particulier d'éclairage, il faisait tellement chaud qu'il transpirait à grosses gouttes. Entre chaque prise, il fallait l'éponger pour que cela ne se voie pas ! C'est là qu'on comprend ce que c'est qu'être un bon acteur pour nous faire croire qu'il est sur le point de mourir de froid.

- **Emilia Clarke**, l'envoûtante Daenerys, doit manger le cœur d'un cheval dans une scène. Celui-ci était en fait comme un ours en guimauve géant d'environ 1,3 kg : trop cool ! Le hic, c'est qu'il avait un goût de javel et que le faux sang était particulièrement collant, si collant qu'il a même réussi à la coller à une cuvette de WC entre deux prises. Et là, on se souvient de Daenerys en colère disant : « Je ne suis pas votre petite princesse. Je suis Daenerys du Typhon, du sang de l'antique Valyria, et je prendrai ce qui m'appartient. Je le prendrai par le feu et par le sang ! » Mais en attendant, tu es collée à la cuvette d'un chiotte… Dur-dur.

- **Les loups** des Stark ne sont pas de véritables loups, mais une race de chiens inuits du Nord qui ressemble aux loups. La comédienne qui joue Sansa (Sophie Turner) a d'ailleurs adopté celui avec lequel elle a joué, le tout mimi Zunni.

- Dans un premier temps, il était prévu que le troisième œil de **la corneille** à trois yeux se trouverait derrière son crâne. Finalement, il a été rapatrié devant.

- Sur le tournage de la série, **Sean Bean**, le comédien qui incarne Ned Stark, a improvisé une petite partie de football avec sa propre tête décapitée. Enfin... celle de son personnage. Une reconversion rapide de comédien en footballeur. Voilà un homme qui sait rebondir...

- Et puisque nous sommes dans les têtes de vainqueurs, restons-y avec la tête, ou plutôt une reproduction de la tête, de **George W. Bush**, l'ancien président des États-Unis. Dans la fameuse scène où Joffrey fait étalage à Sansa de sa collection de têtes sur piques, les plus attentifs d'entre vous auront pu apercevoir celle de l'ancien président. Les créateurs assurent que ce n'est pas une prise de position politique, mais juste une question de budget, l'accessoiriste n'ayant plus que ça en stock sûrement... *What else?* Très fâchée d'apprendre la présence inopportune du 43e président des États-Unis dans la série, HBO s'est fendue d'un communiqué à base des plus plates excuses et de la disparition de la tête dans les futurs DVD à paraître.

SUR LA SÉRIE

- Les créateurs de la série ont organisé un petit visionnage du **pilote** de la série avec des amis et des personnes de confiance. Personne n'a rien compris, pas même que Cersei et Jaime étaient frère et sœur. Devant le naufrage, ils ont décidé, d'un commun accord avec HBO, de tourner une nouvelle version de l'épisode.

- Dans le pilote qui n'a jamais été diffusé, **George R. R. Martin** apparaissait dans les convives du mariage entre Daenerys et Khal Drogo. Dommage pour lui. Heureusement pour lui, le jeu vidéo *Game of Thrones* dans lequel il tient un rôle a, quant à lui, été diffusé.

- Pour être fidèle aux bouquins, **les Targaryen** de la série télé, Daenerys en tête, devaient avoir les cheveux argent et des yeux violets. Une fois le tournage commencé, les créateurs ont réalisé que c'était la meilleure des mauvaises bonnes idées. Les lentilles violettes et la coloration de « parce que vous le valez bien » ont donc été abandonnées.

- Comme cela avait déjà été le cas dans *Star Trek* avec le *klingon* ou dans *Le Seigneur des anneaux* avec le *quenya*, *Game of Thrones* propose aussi une véritable langue à part entière. **Le *dothraki*** a été inventé par le linguiste David J. Peterson. Ce mélange d'estonien, d'inuktitut, de russe, de langues swahilies et de turc possède plus de 3 500 mots de vocabulaire plutôt axés sur la culture du sexe, du cheval et de la déconne entre bonhommes. Si vous êtes tenté par son apprentissage, sachez qu'il existe déjà une application et un livre de conversation pour maîtriser la langue. Pensez-y, ça pourrait bien vous sauver la vie si, par le plus grand des hasards cosmiques, vous vous égariez dans Essos. On est jamais trop prudent. *Anha zhilak yera norethaan* veut dire : « Je t'aime éperdument » en *dothraki*. À ne pas confondre avec *Anha roch norethaan* qui signifie que vous êtes terrifié au dernier degré.

- Dans l'épisode 3 de la saison 4, intitulé *Briseuse de chaînes*, Daenerys se fait insulter en Bas Valyrien par le champion de Meereen. Cependant, d'après David J. Peterson, les **insultes** sont celles utilisées par un chevalier français à l'encontre des Anglais dans *Monty Python : Sacré Graal* (quand on vous dit que c'est une référence !). C'était une demande du créateur de la série Dan Weiss, absolument fan du groupe comique anglais. Personnes sensibles s'abstenir... Les insultes ressembleraient à ça : « Ta mère est un hamster », « Va te faire cuire le cul », « Fils d'une stupide personne », ou encore « Je me mouche sur toi »...

- Pour tenter d'échapper au maximum aux attaques et aux reproches concernant la violence de la série télé, les **enfants Stark** ont été vieillis. Dans les livres, Rickon, Bran, Arya et Sansa ont respectivement 3, 7, 9 et 11 ans, tandis que dans la série ils ont 6, 12, 13 et 15 ans. Cette info peut sembler pourrie, mais peut-être que si vous jouez ces chiffres à la loterie, vous allez repartir avec le jackpot ! Alors, merci qui ? Merci bibi !

- À l'issue des quatrième et cinquième saisons, HBO a sorti **une compilation** intitulée *Catch the Throne : The Mixtape*, contenant des titres rap, metal et reggae inspirés de la série. Disponibles gratuitement à l'écoute sur SoundCloud, on y retrouve des artistes tels que Snoop Dogg ou Method Man.

- Des bouquins ou de la série, qui a le plus grand ? Nous parlons bien sûr du **trône de fer**. Grosse déception de la part de George R. R. Martin qui a vu son trône largement diminué dans la série. Imaginé comme étant fait de mille lames, le royal siège s'est retrouvé seulement constitué de 200. Pour s'amuser de ce vrai-faux débat, les auteurs de la série ont glissé un dialogue des plus délicieux entre Lord Varys et Petyr Baelish dans l'épisode 6 de la saison 3.

  LORD VARYS, *en parlant du trône.* – Mille épées prises des mains des ennemis vaincus par Aegon, forgées dans le souffle ardent de Balerion la Terreur.

  LITTLEFINGER. – Il n'y a pas mille épées. Il n'y en a même pas deux cents, je les ai comptées...

GAME OF THRONES : DES CHIFFRES ET DES ~~LETTRES~~ DATES

LES CHIFFRES CLÉS DE LA SÉRIE

100 SECONDES

C'est la durée du générique d'intro de la série, soit le temps nécessaire pour faire cinquante trucs qui prennent juste deux secondes. T'arrives ? Attends, j'en ai pour deux secondes !

71

C'est la taille en centimètre de la perruque blonde de Daenerys. Entièrement réalisée avec de véritables cheveux humains, elle coûte la modique somme d'environ 6 200 euros.

135

C'est la taille en centimètres de Peter Dinklage, le comédien qui joue le rôle de Tyrion Lannister, le nain le plus cool de l'histoire des séries télé. Il est plus grand que notre Mimie Mathy nationale qui mesure 132 centimètres, et il a aussi beaucoup plus d'abonnés sur Twitter.

208

C'est la taille en centimètres de Kristian Nairn, le comédien qui joue Hodor, soit 10 cm de moins que Chewbacca, ce qui est déjà pas mal quand même.

2

C'est le nombre d'heures nécessaires pour maquiller et coiffer la belle Emilia Clarke qui interprète le rôle de Khaleesi, alias Daenerys Targaryen, alias la mère des dragons, alias la meuf la plus bonnasse de la série. À la base, elle n'est pas blonde mais brune. Bah oui, c'est une perruque !
#DéceptionSiTAimesLesBlondes

2

C'est le nombre de mois et aussi le nombre de centaines d'épées qu'il a fallu pour construire le fameux trône de fer.

7 MILLIONS

C'est le nombre moyen de tweets par saison diffusée.

10 MILLIONS

C'est le nombre de billets de 1 dollar dépensés par épisode lors de la saison 6 diffusée en 2016, un budget qui hisse *Game of Thrones* dans le top 3 des séries les plus chères de l'histoire. Pour se faire une idée, cela représente environ 112 535 tickets restos à 8 euros.

7

C'est le nombre de langues officielles dans la série. La chaîne HBO et la *Language Creation Society* ont inventé de toutes pièces le vocabulaire et les accents *dothraki*, *valyrien* ancien, *skroth*, *andal* et l'ancienne langue des premiers hommes. Ne cherchez donc pas de dictionnaires chez votre libraire, ça n'existe pas !

1

C'est le nombre de fois où Madonna a emprunté un costume de Daenerys pour se faire plaisir et se la raconter à l'occasion de la fête de Pourim. Que voulez-vous, on est une *material girl* ou on ne l'est pas.

1

C'est le nombre de fermes sauvées grâce à la série. Au bord de la faillite, une ferme d'Irlande du Nord est devenue le fournisseur officiel du tournage en animaux chelous ambiance médiévale, notamment grâce à son élevage de porcs ancestraux. Tant qu'à faire, ils ont aussi fourni des moutons, un âne, une chèvre, un cerf et quelques poules rousses. Adieu veau, vache, cochon, couvée... Ah ben non, pas cette fois-ci : merci *Game of Thrones* !

5

C'est le numéro de la saison de *Game of Thrones* qui a été tournée dans 5 pays différents, au milieu de 151 décors, pendant 240 jours, avec 166 comédiens, plus de 1 000 techniciens et plus de 5 000 figurants.

5

C'est le nombre de saisons qu'il a fallu pour tuer 704 personnages dans la série, soit 50 fois plus qu'en 10 ans de *Plus belle la vie*.

42 %

C'est la part féminine du public de la série. Nous ne sommes pas encore à la parité, peut-être faudrait-il faire passer une loi ?

LES DATES IMPORTANTES DE LA SÉRIE

1996

Sortie de l'édition américaine du premier tome intitulé *A Game of Thrones*.

1999

Sortie du deuxième tome intitulé *A Clash of Kings*.

2000

Sortie du troisième tome intitulé *A Storm of Swords*.

2005

Sortie du quatrième tome intitulé *A Feast for Crows*.

2007

HBO, la chaîne de télévision câblée américaine, fait l'acquisition des droits d'adaptation de la saga du *Trône de fer* avec l'idée que ça peut faire une bonne série télé.

2009

Tournage du pilote, principalement en Irlande du Nord. HBO donne ensuite son feu vert pour une saison complète.

2011

- Première diffusion : la série cartonne, HBO commande immédiatement une deuxième saison. En tout, cette saison cumule plus de 25 millions de téléspectateurs.
- Sortie du cinquième tome intitulé *A Dance with Dragons*.

2012

- Diffusion de la saison 2 de *GoT*. D'après la chaîne, la saison 2 cumule plus de 38 millions de téléspectateurs.
- Plus de 150 bébés ont été prénommés Khaleesi dans le monde.

2013

- Diffusion de la saison 3 de *GoT*. Plus de 49 millions de téléspectateurs.
- D'après les chiffres de la sécurité sociale américaine, Khaleesi occupe la 1021e place dans la liste des prénoms les plus populaires.

2014

- Toujours d'après la même administration américaine, un an plus tard, Khaleesi se retrouve à la 755e place.
- 244 Arya et 53 Khaleesi sont nées en Angleterre.
- Diffusion de la saison 4 de *GoT*. Plus de 68 millions de téléspectateurs.

2015

Diffusion de la saison 5 de *GoT*. Plus de 68 millions de téléspectateurs.

2016

Diffusion de la saison 6 de *GoT*. Plus de 76 millions de téléspectateurs.

Crédits photographiques :

Épée : ©Shutterstock.com/Cube29 ; pages : 2, 7, 8, 9, 10.

Main : ©Istockphoto.com/DimaChe ; pages : 11, 13, 52.

Couronne : ©Shutterstock.com/mashakotcur ;
pages : 14, 18, 36, 38, 41, 42, 44, 46, 48.

Loup : ©Istockphoto.com/oktaydefirmenci ; pages : 19, 21, 22.

Lion : ©Istockphoto.com/shelma1 ; pages : 23, 25.

Cerf : ©Istockphoto.com/skalapendra ; pages : 26, 27.

Dragon : ©Shutterstock.com/mashakotcur ; pages : 28, 29.

Rose : ©Istockphoto.com/KeithBishop ; pages : 30, 31.

Écorché : ©Istockphoto.com/JuliarStudio ; pages : 32, 33.

Faucon : ©Shutterstock.com/mashakotcur ; pages : 34, 35.

Drapeau : ©Shutterstock.com/Cube29 ;
pages : 49, 50, 51, 53, 54, 55, 56, 57, 58, 64, 66, 70.

Heaume : ©Shutterstock.com/Cube29 ; pages : 59, 61, 63.

Sablier : ©Istockphoto.com/carduus ; pages : 72, 79.

www.404-editions.fr

404 Éditions
Un département d'Édi8
12, avenue d'Italie, 75013 Paris

Couverture : Axel Mahé
Maquette intérieure : SKGD-créations et Romain Poiré
Relectures et corrections : Frédéric Lorreyte

ISBN : 979-1-0324-0103-3
Dépôt légal : janvier 2017
Imprimé en Espagne.